BEI GRIN MACHT SICH
WISSEN BEZAHLT

- Wir veröffentlichen Ihre Hausarbeit,
  Bachelor- und Masterarbeit

- Ihr eigenes eBook und Buch -
  weltweit in allen wichtigen Shops

- Verdienen Sie an jedem Verkauf

Jetzt bei www.GRIN.com hochladen
und kostenlos publizieren

Tobias Schmitz

Test und Bewertung eines betriebswirtschaftlichen Anwendungssoftware-Systems

GRIN Verlag

Bibliografische Information der Deutschen Nationalbibliothek:

Die Deutsche Bibliothek verzeichnet diese Publikation in der Deutschen National-
bibliografie; detaillierte bibliografische Daten sind im Internet über http://dnb.d-
nb.de/ abrufbar.

Impressum:

Copyright © 2006 GRIN Verlag GmbH
Druck und Bindung: Books on Demand GmbH, Norderstedt Germany
ISBN: 978-3-638-68322-7

Dieses Buch bei GRIN:

http://www.grin.com/de/e-book/56048/test-und-bewertung-eines-betriebswirtschaft-
lichen-anwendungssoftware-systems

Test und Bewertung eines

betriebswirtschaftlichen Anwendungssoftware-Systems

Fallstudie: Jobbörsen im Internet für IT-Berufe

2. Leistungsnachweis (Prüfungsvorleistung)

Wahlfach

Betriebsinformatik II

vorgelegt von

Tobias Schmitz

Hochschule Niederrhein
Fachbereich Wirtschaftswissenschaften
Studiengang Betriebswirtschaftliches externes Studium mit Präsenzphase

Sommersemester 2006

I Inhaltsverzeichnis

II Abkürzungsverzeichnis

Abb.	Abbildung
Aufl.	Auflage
bzw.	beziehungsweise
d.h.	das heißt
ff.	(die) fortfolgenden
IT	Informationstechnologie
S.	Seite
Verl.	Verlag
Vgl.	Vergleiche
z.B.	zum Beispiel

III Abbildungsverzeichnis

1 Einleitung und begriffliches Instrumentarium

In unserer heutigen Gesellschaft ist der Einsatz von Computersystemen nicht mehr wegzudenken. Im Gegenteil: Computersysteme dringen mehr und mehr in alle Bereiche unseres Lebens vor. Für den Betrieb von Computern kommt dabei der Software eine Schlüsselrolle zu. Sie ist, durch den Mikroprozessoreinsatz bedingt, ein wesentlicher Bestandteil industrieller Produkte und Anlagen, ein unverzichtbares Hilfsmittel in der Verwaltung, in Banken und im Versicherungswesen, im Handel sowie in anderen Branchen.[1]

Besonders in Bereichen wie z.B. Verkehr, Flugsicherung, Medizintechnik oder Energiewesen bestimmt die Software maßgeblich Sicherheit und Leben. 1996 wurden nach offiziellen Angaben 20 Todesfälle auf Grund von Softwarefehlern in amerikanischen Krankenhäusern gezählt.[2]

Es lassen sich etliche weitere Beispiele anführen, dass mangelnde Softwarequalität maßgeblich zu Schäden beigetragen hat[3] oder unnötige Kosten bei der Fehlkorrektur entstehen. Abbildung 1 verdeutlicht den Zusammenhang zwischen möglichen Fehlerquellen, entdeckten Fehlern und entstandenen Korrekturkosten.

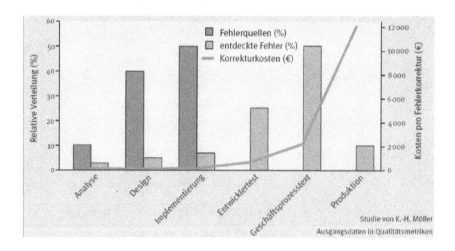

---

[1] Vgl. Wallmüller, E. (1990) S. 1.
[2] Vgl. Computerwoche; Ausgabe 30; 25.07.1997.
[3] Vgl. Thaller, G. E. (2002) S. 4 f.

3

Abb. 1 Kosten pro Fehlerkorrektur[4]

Jobbörsen funktionieren wie der Stellenanteil einer Wirtschaftszeitung. Stellenanbieter und Stellensuchende können ergänzend über das Medium Internet zueinander finden.[5]

Die Jobbörsen in Deutschland haben sich im Wettbewerb mit den Printmedien um das Geschäft mit den Stellenanzeigen behauptet und sind als klare Sieger hervorgegangen. Die Prozesse zur Stellenbesetzung können teilweise automatisiert und beschleunigt werden, ein weiterer Grund sind geringere Kosten gegenüber den Printmedien.[6]

Die entscheidenden Qualitätsmerkmale von Jobbörsen sind unter anderem die Aktualität, der Angebotsumfang sowie die Benutzerfreundlichkeit. Der Markt teilt sich in allgemeine Angebote, die den gesamten Arbeitsmarkt abdecken und spezialisierte Angebote, die sich auf eine bestimmte Branche oder bestimmte Berufsbilder spezialisiert haben. Daneben existieren Metasuchmaschinen, die aus den Karriereseiten einzelner Arbeitgeber oder auch anderen Stellenbörsen die Angebote zusammenstellen und aufbereiten. Interessante Job-Robots für Bewerber sind die Anbieter jobsafari.de, evita.de/jobworld, jobscanner.de, worldwidejobs.de, xl-job.de, jobs.zeit.de; für Unternehmen cvonline.de.[7]

Aufgrund der über 1.000 verschieden Jobbörsen im deutschsprachigen Raum, werden im Rahmen dieser Fallstudie folgende Anbieter näher unter die Lupe genommen: arbeitsagentur.de, monster.de, jobscout24 als allgemeine Anbieter, it-arbeitsmarkt, heise, computerjobs24, it-jobs.stepstone, edv-branche, als spezialisierte Anbieter für IT-Berufe.

Das Gesamtvolumen von Online-Stellenanzeigen ist aufgrund der konjunkturell bedingten Arbeitsmarktflaute zurückgegangen, die privatwirtschaftlichen Jobbörsen haben im Vergleich mit dem virtuellen Arbeitsmarkt der Bundesagentur für Arbeit trotz unterschiedlicher Wettbewerbsbedingungen aufgeholt.[8]

---

[4] Studie von Möller, K.-H. (1996)
[5] Vgl. Bröckermann, R. (2003) S. 68.
[6] Vgl. o.V.; Online im Internet; URL: http://www.studieren.de/news/artikel/online_jobboersen.asp; [Stand: 25.03.2006].
[7] Vgl. o.V.; Online im Internet; URL: http://www.crosswater-systems.com/ej2000_060_robots.htm; [Stand: 21.03.2006].
[8] Vgl. o.V.; Online im Internet; URL: http://www.hrcareer.de/newspersonal/50309.html; [Stand: 23.03.2006].

4

Die Auswahl und Einführung betriebswirtschaftlicher Anwendungssoftware erfolgt üblicherweise in mehreren aufeinander folgenden Schritten; wegen seiner sequenziellen Phasen auch als Wasserfallmodell bezeichnet.[9] Abbildung 2 verdeutlicht unter anderem den Zusammenhang zwischen der Anforderungsdefinition, der Markerhebung und Auswahl und dem Softwaretest.

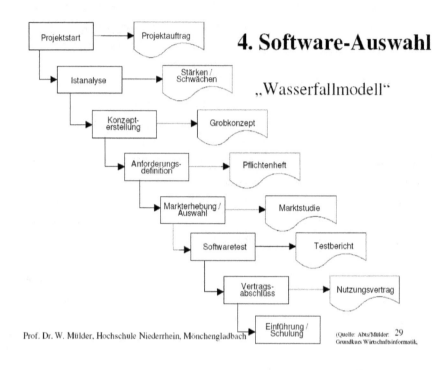

Abb. 2: Das „Wasserfallmodell zur Auswahl und Einführung von Software[10]

In den nachfolgenden Kapiteln soll zunächst ein Überblick über generelle Methoden und Vorgehensweisen gegeben werden. In Kapitel 2 geht es um die erforderliche, vorangehende Anforderungsdefinition (Testgrundlagen und Pflichtenheft) bevor, wie in Kapitel 3 beschrieben, eine Markterhebung und Auswahl (Markstudie) erfolgen sollte. In Kapitel 4 geht es um den eigentlichen Softwaretest (Testbericht mit Testansätzen und -ergebnissen). Kapitel 5 endet mit einem Fazit und einer Bewertung.

---

[9] Vgl. Abts, D.; Mülder W. (2004) S. 316.
[10] Folie 29 aus Vorlesung „IV Betriebliche Standard-Anwendungssoftware"; Studiengang BESP; Hochschule Niederrhein; Mönchengladbach; SS 2006; Prof. Dr. Mülder, W.; 17.03.2006.

2 Anforderungsdefinition

Eine Anforderung ist eine Eigenschaft, die erfüllt sein muss, damit ein Vorgang gelingen kann. Zum Beispiel kann es sich darum handeln, welche Leistungen eine betriebswirtschaftliche Anwendungssoftware oder ein Computersystem erfüllen muss. In der Informatik beschreibt eine Anforderung ein Leistungsmerkmal von Software oder einer Dienstleistung. Die Analyse und Umsetzung von Anforderungen ist eine eigenständige Methode bzw. ein eigenes Prozessgebiet.

Die Anforderungsdefinition dient dazu einen Anforderungskatalog für das zu verändernde oder neu zu entwickelnde Anwendungssoftwaresystem anzufertigen, mit einer Schnittstellenübersicht und einer Beschreibung der Soll-Hauptfunktionen und der wichtigsten Datengruppen.[11] Diese Phase wird schwerpunktmäßig vom Fachbereich durchgeführt. Der Anforderungskatalog ist das Phasenergebnis der Anforderungsdefinition und fachliche Teil des Projektantrages. Die Idee dahinter: Erste Stoffsammlung aus ganzheitlicher (anwendungs- und DV-bezogener) Sicht als fachliche Grundlage des Projektantrages. Die systematische und schriftliche Zusammenstellung eines Dokumentes, in der sämtliche technische und betriebswirtschaftliche Anforderungen an ein System oder Software-Programm gestellt werden, bezeichnet man als Pflichtenheft.[12]

Die erste Aufgabe im Rahmen dieser Fallstudie ist das eindeutige und vollständige Definieren des Ziels. Hierzu müssen, zusammen mit dem Auftraggeber, jeweils aufeinander aufbauend ein Anforderungskatalog, ein Pflichtenheft und eine Leistungsbeschreibung erarbeitet werden, wobei auch eventuell das spätere Änderungswesen vorzusehen ist.

2.1 Lastenheft

Das Lastenheft kann man als Anforderungsspezifikation aus Sicht des Anwenders verstehen. Meistens wird es auch vom Anwender formuliert. Das Pflichtenheft ist eine Spezifikation des Lastenhefts. Hier werden die Funktionen detailliert erläutert und auch technisches Fachjargon benutzt. Anders gesagt ist das Lastenheft ein Grobkonzept aus dem das Pflichtenheft (Feinkonzept) abgeleitet wird.

---

[11] Vgl. o.V.; Online im Internet; URL: http://www.software-kompetenz.de/?17152 [Stand: 29.03.2006].
[12] Vgl. Abts, D.; Mülder, W. (2004) S. 324.

6

2.2 Pflichtenheft

Das Pflichtenheft dient der genauen Definition von Anforderungen an eine Software. Anhand des Pflichtenheftes kann beurteilt werden, ob eine Software die geforderten Merkmale in sich vereint. Dies ist wichtig, um z.b. spätere Rechtsansprüche geltend machen zu können. In den seltensten Fällen ist ein Pflichtenheft in seiner ersten Version vollständig, da in komplexen Gebilden immer einige Dinge nicht bedacht werden. Es wird später außer bei sehr einfachen Produkten immer neue Anforderungen geben.

Das Verständnis über Aufbau und Inhalt eines Pflichtenheftes orientiert sich daran, vor welchem Hintergrund ein Pflichtenheft betrachtet wird. Für diese Art von Ausarbeitung gibt es verschiedenste Definitionen. Dies liegt daran, dass der Begriff Pflichtenheft mehrfach belegt ist. So wird ein Pflichtenheft nicht nur zur Erstellung von Software geschrieben. Auch in anderen Bereichen wie z. B. im Maschinenbau und der Fertigung gibt es die Form des Pflichtenheftes als Vorgabe für bestimmte Arbeiten. Ein Pflichtenheft ist somit die organisatorische und/oder technische Vorgabe zur Erstellung von Software.

Die Bezeichnungen Lastenheft und Pflichtenheft sind die etwas unglücklichen Übersetzungen der englischen Bezeichnungen Requirements Specifications und Design Specifications. Das erste bezeichnet also die Anforderungen, die an ein Produkt oder eine Dienstleistungen gestellt werden, das zweite die gewählte Art der Ausführung.

2.3 Fallstudie

In der folgenden Tabelle werden die Anforderungen der Fallstudie „Jobbörsen im Internet für IT-Berufe" definiert:

Porträt des Auftraggebers (Wer sind wir?)	
Name des Studenten:	Tobias Schmitz aus Grevenbroich
Hochschule:	Hochschule Niederrhein in Mönchengladbach
Fachbereich:	08 Wirtschaftswissenschaften
Studiengang:	Betriebswirtschaftliches externes Studium mit Präsenzphase
Schwerpunkt:	Betriebsinformatik II
Voraussichtl. Abschluss:	Diplom-Kaufmann (FH) im Frühjahr 2007

Ausgangssituation (Warum wird Software gesucht?)
Prüfen und Selektieren von Stellenangeboten im Zeitraum 01. bis 14.04.2006.
Suche nach IT-Jobs ohne spezielle Fachrichtung.

Ziele aus Anwendersicht (Was wollen wir erreichen?)	
K.O.-Kriterien:	Abgleich des Bewerbungsprofils mit Stellenangeboten.
	Aktualität der Stellenanzeigen.
	Interaktionsmöglichkeit mit den Betreibern der Jobbörse.
	Online Bewerbungsmöglichkeit.
	Schnell- und Detailsuchfunktion.
Wunschziele:	Benachrichtigung per SMS bei neuen Stellenanzeigen.
	Newsletter-Service.
	Personalisierung des Layouts der HTML-Seiten der Anbieter.

Leistungsumfang (Welche Funktionen müssen zur Verfügung stehen?)	
Suchfunktion:	Aktualität der gefundenen Stellen
	(von 100 gefundenen Stellen dürfen maximal 10 veraltet sein.)
	Anzahl der gefundenen Stellen
	(Trefferquote >100, ohne Suchkriterien.)
	Detailsuche nach Stichwörtern und Berufen.
	Schnellsuche nach Stichwörtern und Berufen.
	Sortierung der gefundenen Stellen nach o.g. Suchfunktionen.
	Suche nach Arbeitgeber.
	Suche nach Einstellungszeitraum.
	Suche nach Ort, Region, Land, Kontinent.
	Suche nach Teil-/Vollzeitstelle.
	Trefferquote nach Berufstyp > 90%.

Online-Bewerbungsformular:	Benachrichtigung per E-Mail durch Anbieter mindestens zwei Wochen bevor Bewerbung gelöscht wird.
	Eingabe von Ausbildungsdaten (Minimum: Schule, Studium, Schwerpunkte, Sprach-/IT-Kenntnisse, Zertifizierungen, Abschlussnoten).
	Eingabe von Daten über Berufserfahrung (Minimum: Branche, Berufsjahre, letzte Tätigkeit).
	Eingaben von Daten über gewünschte Tätigkeit/Ort (Minimum: Berufsfeld, Einsatzort, Verdienstvorstellungen).
	Erfassung Grunddaten (Minimum: Name, Alter, Geschlecht, Nationalität, Telefonnummer, Wohnort).
	Gleichzeitiges Aufsetzen von mehreren identischen Bewerbungsformularen in mindestens zwei Sprachen.
	Jederzeitige Änderungsmöglichkeit des Inhalts des Bewerbungsformulars.
	Mitgliederregistrierung (Angabe von Name mit Kennwort).
	Speicherung der Daten für einen Zeitraum von mindestens drei Monaten.
	Sprachauswahl Deutsch/Englisch.
Profilabgleich:	Automatische Benachrichtigung innerhalb von 24 Stunden bei erfolgreichem Matching per E-Mail.
	Trefferquote der Matchingfunktion[13] > 90%.
Sonstige Funktionen:	Hyperlink zum Anbieter oder E-Mail-Adresse des Jobanbieters.
	Interaktionsmöglichkeit mit den Betreibern zu inhaltlichen Themen der ausgeschriebenen Stellen (Reaktionsgeschwindigkeit auf Feedback/Anfragen < 24 Stunden).
	Layout-Personalisierung der Startseite der Jobbörse.

---

[13] Abgleich Bewerbungsprofil und Stellenangebot und Benachrichtigung des Stellensuchenden.

Hardware-Anforderungen (Was ist die minimale Anforderung?)	
Client Hardware:	Intel Pentium Pro ab 200 MHz.
	2 GB HDD mit mindestens 650 MB freiem Speicher.
	mindestens 64 MB RAM, 128 MB empfohlen.
Betriebssystem:	MS Windows 2000 Professional.
Browser:	MS Internet Explorer 6.0.
Internet Access:	Modem, analog.

Randbedingungen (Welche Rahmenbedingungen sollen gelten?)
Einfache Auffindbarkeit der Jobbörsen über Suchmaschinen.
Erfüllung der Datenschutzvorschriften bei der Sicherung von Daten gemäß Bundesdatenschutzgesetz durch die Anbieter der Jobbörse.
Hoher Bedienkomfort in Bezug auf Layout und Navigation (SW-Ergonomie).
Kostenloser Service, insbesondere kostenlose Vermittlung bei erfolgreichem Matching und anschließender Anstellung.
Sonstige Zusatzleistungen (Gehaltsvergleiche, Information über Arbeitszeugnisse).
Verfügbarkeit der HTML-Seiten der Jobbörsen 24 Stunden/Tag. Bei Server-Downtimes Benachrichtigung mind. eine Woche vorher.
Verschlüsselung der Daten bei der Übertragung im WWW in die Datenbank der Jobbörse durch Secure Socket Layer (SSL) oder Secure Hypertext Transfer Protocoll (S-HTTP) Verfahren.

2.4 Software-Ergonomie

Die Ergonomie ist die Lehre von der Arbeit des Menschen und seiner Beziehungen zur Arbeitsumgebung.[14] Für die Gestaltung von Benutzeroberflächen sind nicht nur Forderungen an die Hardware-Ergonomie zu berücksichtigen, sondern auch die Software-Ergonomie, die sich mit der Anpassung von Programmen an den Menschen befasst.[15] Die Benutzerfreundlichkeit von Dialogprogrammen kann nach DIN ISO 9241-10 anhand folgender Kriterien zur Software-Ergonomie überprüft werden: Aufgabenangemessenheit,

---

[14] Vgl. Hansen, H.R. (1998) S. 716.
[15] Vgl. Mertens, P.; Bodendorf, F.; König W.; Picot, A.; Schumann, M. (2000) S. 152.

Selbstbeschreibungsfähigkeit, Steuerbarkeit, Erwartungskonformität, Fehlertoleranz, Lernförderlichkeit (Erlernbarkeit) und Individualisierbarkeit.[16]

2.5 Testgrundlagen

Im Folgenden werden die Testgrundlagen eines Hochschulabgängers auf der Suche nach einer Stelle in der IT tabellarisch definiert:

Testgrundlagen	Beschreibung
Auswahlprozess:	Suche nach idealtypischen Betreibern von Internet-Jobbörsen für IT-Berufe, die sämtliche Vorteile des Internets als neues Medium nutzen, als auch integrierte Funktionalitäten des gesamten Bewerbungsprozesses unterstützen (Online-Bewerbung, Profilabgleich, zusätzliche Informationsdienste).
Methoden: (nach Stichprobenverfahren)	
Äquivalenzklassenbildung:	Eingabe von zulässigen und unzulässigen Werten in numerische und alphanumerische Eingabefelder der Internetseiten.
Funktionstest:	Alle Anforderungen des Pflichtenheftes sind zu testen, sofern diese möglich sind.
Leistungstest:	Reaktionsgeschwindigkeiten von Abfragen; Einflussgröße Netzauslastung ist nicht ermittelbar.
Technische Grundlagen:	
Client Hardware:	Toshiba Tecra 8200
	Intel Pentium III, 900 MHz, 256 MB RAM
Betriebssystem:	MS Windows 2000 Professional, SP4
Browser:	MS Internet Explorer 6.0, SP1
Office Applikation:	MS Office Professional Edition 2003, SP2
Internet Access:	Xircom RealPort2 56k Modem, WEB.DE SmartSurfer 3.1
Testzeitraum, -ort:	
Testzeitraum:	01. bis 14.04.2006
Testort:	Grevenbroich

---

[16] Vgl. Hurtienne, J.; Prümper, J. (2002) S. 32 ff.

11

3 Markterhebung

Die mangelhafte Transparenz des Software-Markts stellt ein großes Problem bei der Auswahl von Software dar. Eine vollständige Marktanalyse kann in der Regel nicht erfolgen. Im Internet findet man Software über Suchmaschinen und es kann auf die Informationsangebote von spezialisierten Portalen zugegriffen werden.[17]

3.1 Marktstudie

Crosswater-Systems.com ist ein unabhängiger Branchendienst für den Jobbörsen-Markt und stellt dem Suchenden sehr gute Informationen zur Verfügung. Die auf der nächsten Seite folgende Abbildung 3 gibt einen guten Überblick über die Top-Jobbörsen mit den meisten Stellenanzeigen mit Angabe von Ranking-Werten.[18]

Weiterhin ist nach Anforderung per Download eine Rangliste der Top-Jobbörsen inklusive Statistik und Stärken-Schwächen-Analyse verfügbar.[19]

---

[17] Vgl. Abts, D.; Mülder, W. (2004) S. 326.
[18] Vgl. o.V.; Online im Internet; URL: http://www.crosswater-systems.com/ej_news_2006_03top40.htm; [Stand: 21.03.2006].
[19] Online im Internet verfügbar; URL: http://www.crosswater-systems.com/ej_bestellung_allgem_marktstudie_2005.htm; [Stand: 23.03.2006].

12

Rang Feb 2006	Rang Okt 2005	Internet- Jobbörsen- Anbieter[20]	Anzahl Stellen- Angebote Feb 2006	Änderung gegenüber Okt 2005 in %	Zielgruppe Branchen Berufe	Google Page Rank	Alexa Traffic Rank
1	1	Arbeitsagentur	274.627	25,7	Allgemein	7	4.685
2	2	Worldwidejobs	64.188	2,1	Allgemein	5	58.395
3	5	Monster	30.004	10,5	Allgemein	7	6.703
4	8	StepStone	23.784	20	Allgemein	7	11.710
5	6	Jobscout24	22.922	2,3	Allgemein	7	25.807
6	4	Stellenmarkt	15.589	-77	Allgemein	6	29.853
7	9	Jobmonitor	12.000	0	Allgemein	5	21.285
8	11	Stellenanzeigen	9.871	33,3	Allgemein	7	21.659
9	34	Rhein-Neckar-Zeitung	8.482	85,3	Regional	na	n/a
10	10	Ingenieur24	8.394	17,6	Ingenieur	5	2.005.859
11	12	Unicum Praktikumsbörse	8.357	21,8	Praktikum	6	55.512
12	18	JobStairs	7.709	33,4	Allgemein	6	103.463
13	14	Kölner Stadtanzeiger	7.411	23,6	Regional	na	n/a
14	19	Rheinische Post	7.410	36	Regional	na	n/a
15	9	Persys	7.360	-4,8	Allgemein	5	5.299.837

Abb. 3: Top-Jobbörsen mit den meisten Stellenanzeigen

Die Zahlen der Rangliste basieren auf eigenen Erhebungen von Crosswater Systems, die mit Hilfe von Datenbankabfragen bei den einzelnen Jobbörsen ermittelt wurden.

---

[20] Für diese Fallstudie wurden aus dieser Aufstellung ausgewählt: Arbeitsagentur, Monster, Jobscout24.

In seltenen Fällen wurden auf die Angaben der Jobbörsen-Betreiber zurückgegriffen, wenn z.B. die Erhebung von Stellengesuche nur mit Registrierung bzw. Passwort-Verwendung möglich ist oder wenn keine Abfragemöglichkeiten über die gesamte Datenbank zur Verfügung stehen, so z.b. beim SIS des Arbeitsamts.

Die Marktanalyse für Internet-Jobbörsen welche sich auf IT-Berufe konzentrieren gestaltet sich schwieriger, da viele sich weiterhin noch auf die Vermittlung von Freelancern[21], das IT-Projektgeschäft, SAP oder Fach- und Führungskräfte spezialisieren.

URL:	Beschreibung:
www.computerjobs.de	Der große Fachstellenmarkt im Bereich PC, IT und Informationstechnologie ist eine Kooperation von Computerjobs24 und PC Praxis. Bewerber und Unternehmen können hier kostenfrei den Computerstellenmarkt für Fach- und Führungskräfte nutzen.
www.computerjobs24.de	IT-Stellenbörse mit Informationen für Schüler, Studenten und Arbeitnehmer. Mit Praktikumsbörse, Bewerbungstipps und Hilfen bei arbeitsrechtlichen.
www.computerwoche.de	IT-Stellenmarkt und Freiberufler-/Projektbörse
www.dv-treff.de	Ein Forum ausschließlich für den Bereich SAP mit Stellenangeboten, Stellengesuchen, Freiberufler-Datenbank und sonstigen Dienstleistungen zur Software SAP R/3.
www.edv-branche.de	IT-Jobbörse von und für IT-Spezialisten - Datenbank mit Firmen-Profilen. Hier findet man kostenfrei IT-Spezialisten sowie aktuelle IT-Jobs.
www.gulp.de	Portal für IT-Projekte. Neben der reinen Auftragsvermittlung bzw. dem Recruiting von externen IT-Fachkräften bietet GULP ein umfassendes Portal mit Informationen, Diensten und Produkten rund um das IT-Projektgeschäft.
www.heise.de	Jobbörse des Heise Zeitschriften Verlags für IT-Berufsfelder.
www.infutura.com	Das globale IT-Business Portal mit kostenlosen Service für Freiberufler und IT-Projektberater.

---

[21] Freiberufler

URL:	Beschreibung:
www.it-akademie.org	Personalvermittlung für IT-Berufe.
www.it-arbeitsmarkt.de	IT-Stellenbörse für Fach- und Führungskräfte.
www.it-jobkontakt.de	Regionaler Anbieter für Südost-Bayern. Stellenmarkt für IT-Fachkräfte und bietet umfangreiches Angebot für Stellensuchende und Stellenangebotsschaltung für IT-Unternehmen.
www.it-treff.de	IT-Plattform, die Unternehmensberatungen die Möglichkeit bietet professionell und schnell Personal zu suchen. Nicht nur das Platzieren von Stellenangeboten ist Bestandteil des Services. Als weitere Dienstleistung wird die Unternehmensberatung geboten.
www.myfreelancer.de	Die Website für Freiberufler und Marktplatz Projekte.
www.mytopjob.de	Internet, Schulungen, Jobbörse und mehr.[22]
www.newjob.de	SAP-Stellenmarkt mit täglich neuen SAP-Jobs. newjob.de ist seit 1999 als SAP-Stellenmarkt aktiv und bietet zahlreiche Stellenangebote für SAP-Berater & -Consultants. Bewerber können kostenfrei ein SAP-Stellengesuch hinterlegen und sich in die Bewerberdatenbank eintragen.
www.php-projekte.de	Kostenlose Job- und Projektbörse mit Foren auch für freiberuflich Tätige.[23]
www.it-jobs.stepstone.de	Großer IT-Stellenmarkt für Fach- und Führungskräfte mit einer Vielzahl von Services für Stellensuchende und Stellenanbieter.

3.2 Korrelation Anzahl Stellenanzeigen Popularität

Von besonderem Interesse ist die Korrelation zwischen der Anzahl Stellenanzeigen und der Popularität einer Jobbörse. Hierzu können zwei unterschiedliche Bewertungskriterien herangezogen werden, nämlich Google's PageRanking und Alexa's Traffic Ranking.

---

[22] Anbieter gibt es wohl nicht mehr.
[23] Provider hatte Plattencrash und konnte Daten bisher nicht wieder herstellen.

Das "Page Ranking" mit einer Einstufung der Jobbörse nach einem PageRank-Verfahren von 1 (niedrige Bewertung) bis 10 (beste Bewertung) ist ein von der Suchmaschine Google entwickelter Algorithmus, der die Verlinkung zu einer spezifischen Webseite sowie die Bedeutung des verweisenden Linkpartners berechnet. Ziel dieser Klassifizierung ist die statistisch begründete Einschätzung einer Webseite als besonders wichtig oder relevant.

Das Alexa Traffic Ranking ist eine weitere Kennziffer zur Einschätzung der Online-Popularität. Dieser Wert wird anhand einer kumulierten 3-Monats-Traffic-Messung (Anzahl Besuche von Surfern, welche die Alexa-Toolbar in ihrem Browser installiert haben) gemessen. Je niedriger der Rank umso intensiver wird die betreffende Webseite von Alexa-Nutzern (weltweit etwa 10 Millionen) besucht. Während der Alexa-Traffic-Rank nicht unbedingt die korrekte absolute Traffic-Zahl angibt, da nicht alle Besucher den kostenlosen Alexa-Toolbar nutzen, können doch aus dem relativen Ranking der Webseiten gewisse Rückschlüsse auf deren Besucherfrequentierung gezogen werden. Das Alexa-Traffic-Ranking auf alexa.com ist öffentlich verfügbar während die Ergebnisse anderer Messverfahren (Auswertungen der Web-Logs oder Nielsen-Ratings) in der Regel nicht veröffentlicht werden.

3.3 Auswahl

Um einen Vergleich zwischen mehreren Software-Anbietern durchführen zu können ist eine Vorselektion unbedingt erforderlich. Allgemeine Kriterien können sein: Seriosität des Software-Anbieters, die derzeitige Lebenszyklus-Phase der Software, Installationsvoraussetzungen, Erfüllung der fachlichen und technischen Grundvoraussetzungen sowie die Preiskategorie des Produktes. [24]

4 Softwaretest

Software zu testen ist ein Bestandteil der technologischen Software-Entwicklung, um die Qualität der Software in allen Phasen der Entwicklung sicherzustellen. Qualität wiederum bedeutet die Übereinstimmung der Testergebnisse mit den Anforderungen des Pflichtenhefts.[25]

Anhand der Kriterien im Pflichtenheft wird die betriebswirtschaftliche Anwendungssoftware untersucht. Es reicht dabei nicht aus den vorher erstellten Anforderungskatalog an potentielle

---

[24] Vgl. Abts, D.; Mülder, W. (2004) S. 328.
[25] Vgl. Parrington, N.; Roper, M. (1991) S. 10.

Softwareanbieter zu versenden. In jedem Fall muss das Pflichtenheft gemeinsam mit den Spezialisten des Softwareanbieters Punkt für Punkt durchgearbeitet werden.[26]

Testen ist ein Prozess, ein Programm mit der Absicht auszuführen, Fehler zu finden.[27] Solange die Korrektheit einer Software mit Hilfe mathematischer Methoden nicht bewiesen werden kann, sollten umfangreiche Tests durchgeführt werden, um spätere Fehlerkorrekturen, die viel höhere Kosten verursachen, zu vermeiden.[28]

Es gibt eine Vielzahl von Vorgehensmodellen zur Entwicklung und zum Testen von Software. Die bekanntesten sind das Wasserfall-[29] und das V-Modell.[30]

4.1 Testbericht

Im Folgenden wurden die Anforderungen des Pflichtenheftes getestet und das Ergebnis als erfüllt oder nicht erfüllt gekennzeichnet. Das Kürzel k.A. steht für keine Angabe.

Das Ergebnis gibt den Erfüllungsgrad von den insgesamt 37 Testansätzen, ohne Gewichtung an, jeweils als absoluter Wert und relativer in %.

Ein weiteres Verfahren ist die Nutzwertanalyse, bei welcher die Kriterien nach ihrer Wichtigkeit mit Prozenten gewichtet werden. Das Ergebnis wird in einer relativen Größe angegeben.[31]

---

[26] Vgl. Abts, D.; Mülder, W. (2004) S. 329.
[27] Vgl. Parrington, N.; Roper, M. (1991) S. 1.
[28] Vgl. Möller, K.-H. (1996) S. 105 ff.
[29] Vgl. Thaller, E. (2002) S. 17.
[30] Vgl. Hansen, H.R. (1998) S. 142.
[31] Vgl. Abts, D.; Mülder W. (2004) S. 343 ff.

Testansätze und -ergebnisse:	Arbeitsagentur		Monster		Jobsscout24	
	erfüllt:	nicht erfüllt:	erfüllt:	nicht erfüllt:	erfüllt:	nicht erfüllt:
Test d. Suchfunktionen u. Sortierung nach u.a. Kriterien:						
Eingabe: Stichwort "IT-System- u. Netzbetreung, Administrator", NRW, Teil-/Vollzeit	x		x		x	
Ausgabe: gefundene Stellen	max. 100		221		121	
Trefferquote nach Beruftyp > 90%	x			x	x	
Anzahl falsch ermittelter Berufsbilder	7			24	11	
Eingabe: Detailsuche nach Anstellungsart, Berufsfeld, Branche, Region	x		x		x	
Eingabe: Suche nach Einstellungszeitraum	x			x		x
Eingabe: Suche nach Teil-/Vollzeitstelle	x		x		x	
Eingabe: Firmensuche* * bei Jobscout24 nur Auflistung aller Firmen möglich.	x		x			x
z.B. "Siemens"	x		x		x	
Eingabe: Suche nach Ort z.B. "Aachen"	x		x		x	
Eingabe: Suche nach Land z.B. "Belgien"	x		x		x	
Sortierung gefundener Stellen nach Ort, Branche, Berufsfeld, Anstellungsart		x		x		x
Sortierung gefundener Firmen nach Alphabet		x		x		x
Trefferquote >100 ohne o.g. Kriterien	x		x		x	
Aktualität gefundener Stellen	x		x		x	

Test d. Funktionen d. Online-Bewerbungsformulars:						
Eingabe: Mitgliedsname/-nummer (alphanum.), Kennwort (alphanum.)	x		x		x	
Ausgabe: Fehlermeldung bei Umkehrung	x		x		x	
Sprachauswahl Deutsch und Englisch		x		x		x
Eingabe Grunddaten: Name, Alter, Geschlecht, Nationalität, Telefonnummer, Wohnort	x		x		x	
Erkennung von alphanum. Zeichen in Feld "Telefonnummer"	x		x		x	
Erkennung einer unrealistischen Eingabe wie z.B. "00000" in Feld "Telefonnummer"		x		x		x
Eingabe: Daten über Schule, Hochschule, Fachrichtung, Sprach- u. IT-Kenntnisse, Zertifizierungen, Abschlussnoten	x		x		x	
Eingabe: Daten über Berufserfahrung: Branche, Berufsjahre, letzte Tätigkeit	x		x		x	
Eingabe: Gewünschte Berufsfelder, Tätigkeitsort, Verdienstvorstellungen	x		x		x	
Speicherung der Daten für einen Zeitraum von Minimum 3 Monaten	x		k.A.		k.A.	
Änderung der Adresse im Bewerberformular	x		x		x	
Speicherung von zwei identischen Bewerbungsformularen in deutsch und englisch	x		x			x
Benachrichtigung per E-Mail zwei Wochen bevor Bewerbung gelöscht wird		k.A.		k.A.		k.A.

Profilabgleich:						
Trefferquote der Matchingfunktion > 90%	x		x		x	
E-Mail Benachrichtigung innerh. 24 Std.	x		x		x	
Sonstige Einzelfunktionen:						
Hyperlink zum Jobanbieter	x		x		x	
E-Mail-Adresse des Jobanbieters	x		x		x	
Layout-Personalisierung der Startseite		x		x		x
Beantwortung einer Frage innerh. 24 Std.	x		x			x
Randbedingungen						
Laut Angaben der Anbieter wird Datenschutzgesetz erfüllt	x		x		x	
Eingabe der Jobanbieter in Suchmaschinen google.de, web.de, yahoo.de erfolgreich	x		x		x	
Anforderungen an SW-Ergonomie	x		x		x	
Kostenloser Service selbst bei erfolgreicher Vermittlung	x		x		x	
Sonstige Zusatzleistungen	x		x		x	
Verfügbarkeit der HTML-Seiten	x		x		x	
Verschlüsselung der Daten bei Übertragung	x		x		x	
Erfüllungsgrad von insgesamt 37 Testansätzen, ohne Gewichtung:						
Absolut	33		29		27	
Relativ in %	91,67		80,56		75,00	

4.1.2 Spezialisierte Anbieter

	IT-Arbeitsmarkt		Heise		ComputerJobs24		IT-Jobs.StepStone		EDV-Branche	
	erfüllt:	nicht erfüllt:	erfüllt:	nicht erfüllt:	erfüllt:	nicht erfüllt:	erfüllt:	nicht erfüllt:	erfüllt:	nicht erfüllt:
Test d. Suchfunktionen u. Sortierung nach u.a. Kriterien:										
	X		X		X		X		X	
	3		14		70		219		12	
	X		X		X		X			X
	0		2		5		11			10
		X	X		X		X		X	
		X		X		X		X		X
		X	X		X		X		X	
	X			X	X		X		X	
	X			X	X		X		X	
	X			X		X	X		X	
		X	X			X	X			X
		X		X		X		X		X
		X	X			X	X			X
	X		X		X		X			X
	X		X		X		X		X	

	IT-Arbeitsmarkt		Heise		ComputerJobs24		IT-Jobs.StepStone		EDV-Branche	
	erfüllt:	nicht erfüllt:	erfüllt:	nicht erfüllt:	erfüllt:	nicht erfüllt:	erfüllt:	nicht erfüllt:	erfüllt:	nicht erfüllt:
	Test d. Funktionen d. Online-Bewerbungsformulars:										
	x		x		x		x			x
	x		x		x		x			x
		x		x	x			x		x
	x		x		x		x		x	
	x			x	x			x		x
		x		x	x			x		x
	x		x		x		x			x
	x		x		x		x			x
	x		x		x		x			x
		k.A.		k.A.	x			k.A.		k.A.
	x		x		x		x			x
	x		x		x		x			x
		k.A.		k.A.		k.A.		k.A.		k.A.
	Profilabgleich:										
	x		x		x		x			x
	x		x		x		x			x
	Sonstige Einzelfunktionen:										
	x		x		x		x			x
	x		x		x		x			x
		x		x	x		x			x
		x	x			x	x			x

	IT-Arbeitsmarkt		Heise		ComputerJobs24		IT-Jobs.StepStone		EDV-Branche	
	erfüllt:	nicht erfüllt:	erfüllt:	nicht erfüllt:	erfüllt:	nicht erfüllt:	erfüllt:	nicht erfüllt:	erfüllt:	nicht erfüllt:
Randbedingungen										
	X		X		X		X		X	
	X		X		X		X		X	
	X		X		X		X		X	
	X		X		X		X		X	
	X		X		X		X		X	
	X		X		X		X		X	
	X		X		X		X		X	
Erfüllungsgrad von insgesamt 37 Testansätzen, ohne Gewichtung:										
Absolut	27		28		26		31		15	
Relativ in %	75,00		77,78		72,22		86,11		41,67	

5 Fazit / Bewertung

Schätzungen zufolge gibt es in Deutschland derzeit etwa 1000 verschieden Jobbörsen. Man kann sie mit Suchmaschinen vergleichen, gerade auch unter dem Aspekt, dass es einer bzw. verschiedener guter Suchstrategien bedarf, um zu optimalen Ergebnissen zu kommen. Bei aller Begeisterung darüber, dass der Arbeitsmarkt damit transparenter geworden ist darf man die Erwartungen nicht zu hoch ansetzen, auch wenn auf den kommerziellen Seiten oft der Eindruck erweckt wird, es sei nur noch eine Frage von Sekunden, bis man endlich einen neuen Job habe. Ein wesentlicher Unterschied der Angebote besteht in der Finanzierung, d.h. handelt es sich um ein kommerzielles oder ein nichtkommerzielles Angebot? Man kann es mit dem öffentlich-rechtlichen und dem privaten Rundfunk vergleichen: Je „privater", desto mehr Werbung und marktschreierische Inhalte.

Der Vorteil von Jobbörsen liegt darin, dass sie ein breites, schnell zugängliches Spektrum abdecken, in dem man weitestgehend allein recherchieren kann. Man ist also im Prinzip nicht darauf angewiesen, dass sich ein Dritter kümmert (z.B. ein Berater der Agentur für Arbeit), sondern ist in gewissem Umfang (z.B. was den zeitlichen Aufwand und verschiedene Recherchen betrifft) „seines Glückes eigener Schmied". Auf der anderen Seite darf nicht vergessen werden, dass die Vorteile nur derjenige nutzen kann, der einen Zugang zum Internet hat - oder bei der Suche über das Internet Unterstützung findet. Achtung, die Nutzung einiger Jobbörsen ist kostenpflichtig.

Eine weitere Herausforderung für die Zukunft ist da sicherlich die Optimierung der Job-Robots. Abschließend bleibt zu erwarten, dass sich die einen oder anderen Jobbörsen in naher Zukunft zusammenschließen oder vom Markt verschwinden. Das vielfältige Angebot der Jobbörsen verwirrt zunächst einmal. Es ist daher sinnvoll, sein Stellenprofil bei durchschnittlich drei Börsen einzurichten und gelegentlich zu aktualisieren.

Auch wenn oft moniert wird, dass ein Großteil der Stellen nicht mehr der Arbeitsagentur für Arbeit gemeldet wird, so überzeugt sie im Test dadurch, dass sie sich tatsächlich auf das beschränkt, was man erwartet und nicht auf andere tatsächlich oder vermeintlich wichtigen Dinge des Lebens ablenkt. So gibt es dennoch viele Informationen, die im Zusammenhang mit einer Arbeitslosigkeit wichtig sind, Möglichkeiten des Herunterladens von Broschüren, Formularen etc.

Monster ist das nach eigenen Angaben weltweit größte Karriere-Netzwerk. Jobangebote können nach verschiedenen Kriterien durchsucht und Lebensläufe online erstellt werden. Neue und dem eigenen Profil entsprechende Anzeigen werden per E- Mail zugeschickt und es gibt viele Partner im Ausland. Sie ist etwas „peppiger" als andere Börsen, allerdings mit der Tendenz, unseriöser zu wirken. Es handelt sich um eine Jobbörse mit Angeboten aus allen Berufsgruppen. Sowohl der Zugriff auf angebotene Stellen als auch das Veröffentlichen des eigenen Lebenslaufs ist für Stellensuchende möglich. Anzeigen können nach Kriterien wie Firma oder Einstiegsposition durchsucht werden. Suchen über Firmen(-profile) sind möglich, es gibt Tipps für Gehaltsverhandlungen, Benehmen, Berufsleben allgemein etc., Diskussionsforen und Befragungen/Abstimmungen zu einem vorgegebenem Thema.

Jobscout24 bietet Jobangebote sortiert nach Branche, Berufsgruppe und Einsatzorten. Auch eine persönliche Detailsuche ist möglich. Specials bieten Ausbildungsplatzangebote, Traineeprogramme und Praktikumsplätze. Passende Angebote werden per E-Mail zugeschickt. Analog zu „Financescout24.de" oder „Immobilienscout24.de".

Im IT-Arbeitsmarkt kann man in der Standardsuche nach Schlagworten oder Stellenkategorie suchen, die Ergebnisse aber nur nach Eintragsdatum, Positionsbezeichnung, Firmenname oder PLZ-Gebiet sortieren. Eine gezielte Suche in einem bestimmten Bundesland ist leider nicht möglich und es gibt keine Filter für Teil-/Vollzeitstellen.

Bei Heise kann man Stellenangebote durchsuchen nach Art der gesuchten Position, Einsatzort, Berufsfeld und mit Präferenzwahl Bundesländer eingrenzen, eine bevorzugten Postleitzahlenbereich vorgeben und die Such nach Stellen auf nur Positionen mit Leitungsfunktion eingrenzen. Die Ausgabe von Treffer kann eingegrenzt werden auf Angebote eines bestimmten Zeitraums. Eine Sortierung nach Veröffentlichung, Position und Arbeitgeber, als auch eine Volltextsuche in aufgelisteten Stellenangeboten ist möglich.

ComputerJobs24 ermöglicht die Abfrage von Stellenangeboten über Schnell- oder Firmensuche mit Möglichkeit die Angebote der letzten Wochen abzugrenzen. Die Detailsuche ermöglicht sich auf Berufsfeldkategorien, Regionen, Beschäftigungsposition und –art festzulegen. Ergebnisse können nach Datum, Bezeichnung, Unternehmen und Ort sortiert werden.

Bei IT-Jobs.StepStone kann man Jobs bequem per Detail- oder Freitextsuche finden. So gut wie alles ist berücksichtigt, unterstützt werden Region, Berufsfeld, Anstellungsart, Branche, Grad der Berufserfahrung, auszuschließende Firmen und der Grad der Berufserfahrung. Besonders erwähnenswert ist der sehr gute JobAgent.

Die EDV-Brache gibt mit relativ wenigen Stellenangeboten einem die Möglichkeit einen Job oder ein Projekt zu bekommen. Einschränkungen sind nach Rubrik Festanstellung, freie Mitarbeit, Praktikum oder Ausbildung möglich. Die Tätigkeitsbereiche können nur ausreichend gefiltert werden und es ist eine Suche nach Postleitzahl und Ort möglich. Die Jobbörse ist für Stellensuchende ungeeignet und ist bestenfalls für Unternehmen interessant die in der Datenbank nach einem IT-Spezialisten recherchieren möchten.

Ganz allgemein gibt es noch Verbesserungspotential bei den Anbietern, so sollte die Trefferquote nach Berufstyp gesteigert und damit die Anzahl falsch ermittelter Berufsbilder gesenkt werden. Die Suche nach dem Einstellungszeitraum und die Sortierung gefundener Stellen nach diversen Kriterien fehlen oder man kann nicht zwischen Deutsch und Englisch wählen. Eine Layout-Personalisierung der Startseite wäre wünschenswert, die Beantwortung einer Frage innerhalb von 24 Stunden ist nicht bei allen Anbietern möglich. Eine Benachrichtigung per E-Mail zwei Wochen bevor eine Bewerbung gelöscht wird wäre wünschenswert. Die Erkennung unrealistischer Eingaben sollte verbessert werden.

Für Unternehmen entwickeln sich Internet-Jobbörsen zu einem guten, ergänzenden Medium für den Personalmarkt und die Qualität hat sicher in den letzten Jahren enorm aufgeholt. Für Unternehmen ist die Registrierung meistens, nicht nur z.B. bei IT-Jobkontakt.de, als Jobanbieter kostenpflichtig. Die Gebühren betragen 100 Euro netto pro Jahr.

Für Firmen innerhalb des Gebiets von IT-Region.net ist die Registrierung gebührenfrei. Arbeit- und Auftraggeber können dann für ein Jahr kostenlos Jobangebote und Firmenprofil selbst veröffentlicht werden. Zudem erhalten diese Zugriff auf Jobgesuche und KnowHow-Profile von den registrierten Bewerbern.

Bei Heise.de können Unternehmen als registrierter Kunde kostenlos in Stellengesuchen recherchieren. Um Kandidaten kontaktieren zu können, ist der Abschluss eines Abonnements erforderlich. Weiterhin haben Unternehmen die Möglichkeit, die Buchung und Gestaltung Ihrer Stellenangebote selbst vorzunehmen. Kosten entstehen erst ab der Freischaltung einer Stellenanzeige oder bei der Buchung eines Abonnements.

Die Preise und Konditionen für kostenpflichtige Dienste sind recht unterschiedlich.

6 Literaturverzeichnis

1. Abts, D; Mülder W.:

Grundkurs Wirtschaftsinformatik; Eine kompakte und praxisorientierte Einführung; 5. Aufl.; Friedr. Vieweg & Sohn Verl./GWV Fachverl.; Wiesbaden; 2004.

2. Bröckermann, R.:

Personalwirtschaft; Lehr- und Übungsbuch für Human Resource Management; 3. Auflage; Schäffer-Poeschel Verl.; Stuttgart; 2003.

3. Hansen H. R.:

Wirtschaftsinformatik I; Grundlagen betrieblicher Informationsverarbeitung; Uni-Taschenbücher (UTB) für Wissenschaft; 7. Aufl.; Lucius & Lucius Verlagsgesellschaft; Stuttgart; 1998.

4. Hurtienne, J.; Prümper, J.:

Software-ergonomische Bewertung - Software dient dem Menschen; In: Copers-Computer + Personal; Heft 2/2002.

5. Mertens, P.; Bodendorf, F.; König, W.; Picot, A.; Schumann, M.:

Grundzüge der Wirtschaftsinformatik; 6. Auflage; Springer Verl.; Berlin, Heidelberg; 2000.

6. Möller, K.-H.:

Ausgangsdaten für Qualitätsmetriken - Eine Fundgrube für Analysen; in: Ebert, C., Dumke R. (Hrsg.); Software-Metriken in der Praxis; 1. Aufl.; Springer Verl.; Berlin, Heidelberg; 1996.

7. Parrington, N.; Roper, M.:

Software-Test: Ziele, Anwendungen, Methoden; 1. Aufl.; McGraw-Hill Software Engineering; Hamburg; 1991.

8. Thaller, G. E.:

Software-Test; Verifikation und Validation; 2. Aufl.; Verl. Heinz Heise; Hannover; 2002.

9. **Wallmüller, E.:** Software-Qualitätssicherung in der Praxis, 2. Aufl.; Carl Hanser Verl.; München; 1990.

o.V.; Online im Internet; URL:

10. http://www.arbeitsagentur.de; Bundesagentur für Arbeit; Nürnberg.

11. http://www.crosswater-systems.com; Crosswater Systems Ltd.; London; United Kingdom.

12. http://www.hrcareer.de; S. Daume; Erfurt.

13. http://www.jobscout24.de; JobScout24 GmbH; München.

14. http://www.monster.de; Monster Worldwide Deutschland GmbH; Bad Homburg v.d. Höhe.

15. http://www.software-kompetenz.de; Fraunhofer IESE; VSEK Projektbüro; Kaiserslautern.

16. http://www.studieren.de; Peter & Linke GbR; Geiselgasteig.